Reise durch die

USA

Bilder von
Christian Heeb

Texte von
Stefan Nink

Stürtz

Erste Seite:
Vor allem in den New England-Staaten verdienen Läden wie Kendall's Barn Antiques in Chester Depot, Vermont, am Geschäft mit der nostalgisch-kitschigen Erinnerung.

Vorherige Seite:
Im Canyon de Chelly ragen die Felswände bis zu 300 Meter empor. Die beeindruckende Landschaft liegt im Nordosten Arizonas.

Unten:
Bar mit Aussicht: Die Bar 230 5th gehört zu den schönsten Orten, an denen man in New York einen Martini trinken kann.

Seite 10/11:
Vom 1000 Meter hohen Glacier Point hat man die beste Aussicht auf die zerklüfteten Täler des Yosemite National Park und den markanten Halfdome. Vor der atemberaubenden Kulisse der High Sierra liegt ein Naturparadies, in dem man abseits der befahrenen Wege auch allein sein kann.

Inhalt

Eine Reise durch die USA

„I'm no hero, that's understood
The only redemption I can offer
Is beneath this dirty hood
With a chance to make it good somehow –
Hey, what else can we do now?
Except roll down the window and
Let the wind blow back your hair
Tonight the night's bustin' open
these two lanes will take us everywhere."
(Bruce Springsteen, 'Thunder Road')

Man weiß schon ziemlich viel über diese erste Reise durch die USA, bevor man überhaupt die Schlüssel des Mietwagens ausgehändigt bekommt. Man war schon hier. Ein paar Mal schon. Dutzende Male. Hunderte Male. Man hat Bruchstücke dieser Reise im Kino gesehen, „Thelma & Louise", „Die Früchte des Zorns", „Bonnie and Clyde". Hat die Augen geschlossen, wenn Johnny Cash oder Bob Dylan über dieses Land gesungen haben. Über seine Highways. Über das Unterwegssein auf ihnen. Hat sie noch fester geschlossen, die Augen, solange, bis man irgendwann auf dem Beifahrersitz saß. Irgendwo da draußen, Arizona, Nebraska, California, ganz egal: Koordinaten spielten keine Rolle bei dieser Reise im Kopf. Man hat gespürt, wie der Fahrtwind durch das geöffnete Fenster fauchte und das Haar zerraufte. Wie die Sonne des Südwestens das Land und die Gedanken ausdörrte. Die Brandung des Pazifiks am Strand von Kalifornien nagte. Und der Schnee Montana bedeckte, wie ein Überwurf aus Daunen.

Bei jedem, der in den letzten Jahren und Jahrzehnten nicht völlig vorbei gelebt hat an Kino, Musik und Literatur oder sich aus Anti-Globalisierungs- oder anderen an sich ernsten Gründen geweigert hat, irgend etwas „made in the U.S." zur Kenntnis zu nehmen (doch, auch das gibt es), hat sich Amerika längst in den Kopf geschlichen. Und dort festgesetzt. Seine Bilder sind so allgegenwärtig wie übermächtig, seine Lieder in den Radios, seine Romane im Bücherregal, seine Comics irgendwo in der Kiste auf dem Speicher. Man mag das bejahen oder verneinen, lieben oder hassen: Amerika ist überall. Man muss dazu weder über die aktuelle Nachrichtenlage informiert sein noch die US-amerikanische Außenpolitik detailliert verfolgen. Amerika ist einfach da.

Bilderbuch-Amerika: Vor allem im farbenprächtigen Indian Summer scheint ganz Neu-England hinter jeder Straßenkurve in neuer Schönheit dazuliegen – hier die Kirche in Hanover, New Hampshire.

Das alles zusammengenommen, entwickelt eine eigentümliche Wirkung, wenn man dann zum ersten Mal wirklich unterwegs ist in diesem Land: Man glaubt, alles schon zu kennen. Eine Reise durch die USA kann einem vorkommen wie eine endlose Aneinanderreihung von Déja vus. Wie eine permanente Abfolge aus Filmschnipseln, Songtexten und Romanpassagen. Aus Wunschvorstellungen, Träumen und Beinahe-Erinnerungen. Aus „Das ist doch, wo ...“- und „Hat hier nicht ...?“-Dialog-Einstiegen. Aus dem langwierigem Stöbern nach Bildern und Momenten, die sich plötzlich aus der Mottenkiste einer längst vergessen geglaubten Vergangenheit hervorkramen lassen.

Die Stille hören

Was dagegen hilft? Selbsterfahrung! Ein Abend in der Wüste zum Beispiel. Irgendwo in Utah, New Mexico, Arizona. An einem Ort, von dem aus man zusehen kann, wie der lang angekündigte Regen wieder einmal nach Norden abzieht. Wie die lamettierten Farbbänder im Westen unter gehämmerten Wolken verbluten. An dem man den Eindruck hat, als ziehe jemand eine violette Kapuze über die Erde. Dann glaubt man plötzlich, dass man hören kann, wie die Nacht den Tag ablöst: Das Gesumm der Insekten verstummt zuerst, anschließend das Zwitschern der Vögel, und jetzt ist nur noch der Wind zu hören. Veranstaltet ein Säbelgerassel in den vertrockneten Büschen, zieht um die Felsen, umschmeichelt die Kakteen, tobt sich an den Flanken der Mesas aus. Dann hat er genug, und die Stille fällt so plötzlich über das Land, dass man auch das zu hören glaubt. Und dann ist da nur noch der Mond.

Man kann sich das nicht oft genug vergegenwärtigen: Dieses Land erfahrt man auch über seine Stille. Durch die ruhigen Minuten. Durch Durchatmen, Abschalten, Loslassen. Durch – ja, doch: Andacht. Seine Reisepläne über den Haufen zu werfen, weil man auf einem Campingplatz der Olympic Peninsula vor Seattle, einem Felsen in Nevada, einer Veranda auf den Keys oder in einem von den Sternen beleuchteten Innenhof eines Motels in Texas plötzlich das Gefühl hat, man könne und dürfe hier jetzt noch nicht wieder weg: So ein Entschluss gehört im Nachhinein oft zu den besten der ganzen Reise. Natürlich macht es einem Amerika da nicht unbedingt einfach. Das hat mit seiner Größe zu tun. Vor allem aber mit seiner Weite. Eine Weite, die dieses Land beherrscht, von einem Horizont zum anderen. Die einen anspringt, sobald man Flughafen, Stadt und Suburbia hinter sich gelassen hat, anspringt, anzieht, aufsaugt. Eine Weite, die man nicht erwartet hat, nicht schon hier, nicht schon jetzt. Die keine lange Übergangsphase zum vollendeten Entfalten benötigt, sondern ganz plötzlich und unerwartet beginnt: an der nächsten Ampel, hinter der nächsten Kurve, nach der Tankstelle da vorne. Eine Weite, die man vom ersten Moment an durchmessen will. Durchfahren. Und irgendwie auch bezwingen.

Die Eroberung der Weite

Das ging schon den ersten Amerikanern so. Nachdem die Vorfahren der Native Americans vor schätzungsweise 12 000 Jahren über die zugefrorene Beringstraße aus Asien nach Alaska gekommen waren, benötigten sie nur ein paar tausend Jahre, um sich über zwei gewaltige Kontinente bis nach Feuerland zu verbreiten. Als Columbus dann 1492 jenes Land sichtete, das er irrtümlich für Indien hielt, waren aus den ursprünglich wahrscheinlich nur 50 Immigranten 14 Millionen Bewohner geworden. Und obwohl die Europäer die erste Zeit in der Neuen Welt mehr oder weniger ausschließlich damit beschäftigt waren, die Konflikte aus der Alten Welt fortzusetzen und sich gegenseitig umzubringen (und die Einheimischen gleich mit), benötigten sie dann letztlich eine nur lächerlich kurze Zeitspanne, um die anfangs endlos erscheinenden Weiten zu besiedeln. Es mag vor allem die Gier nach Land und Gold gewesen sein, von der die Menschen sich unter meist lebensgefährlichen Bedingungen hineinziehen ließen in dieses Land. Trotzdem sind auch Beweggründe wie Sehnsucht, Entdeckungslust und der innere Drang, die Weite zu durchmessen, bei dieser zweiten Besiedlung des Kontinents Antriebsfedern gewesen.

Daran hat sich bis heute nichts Wesentliches geändert. Reisen passt zu Amerika, weil Amerika selbst permanent auf Achse ist. Die USA sind unterwegs, immer und überall. Amerikaner verbringen einen großen Teil ihres Lebens hinter dem Steuer. Amerikaner ziehen mit erschreckender Regelmäßigkeit alle drei, vier Jahre um. Amerika ist ein Land „on the move", immer in Bewegung, als müsste man um alles in der Welt verhindern, irgendwo Wurzeln zu schlagen. Nicht ohne Grund heißt es: „The American Way of Life", mit Betonung auf dem „way",

Ist das ein Pool? Das ist ein Pool! Als der Zeitungsmagnat William Randolph Hearst sein Hearst Castle bei San Simeon plante, ließ er sich offensichtlich auch von einer gewissen römischen Dekadenz inspirieren – anders kann man solche Dimensionen in einem Privathaus schlecht erklären. Der Gebäudekomplex, den Hearst offiziell „La Cuesta Encantada" („Der Verzauberte Hügel"), nannte, ist heute für Besucher geöffnet.

und nicht „The American Form of Life". Und nicht ohne Grund ist der Führerschein das wichtigste Dokument der amerikanischen Staatsbürgerschaft.

Vielleicht auch deshalb ist das Reisen in den USA heute einfacher als irgendwo sonst auf der Welt. Einen Mietwagen, eine Kreditkarte, eine Portion Abenteuerlust und der Wille, sich treiben zu lassen von Zufällen und Entdeckungen: Mehr braucht es nicht zum eigenen Road Movie. Wer in den USA unterwegs ist, muss kein Zimmer vorbuchen, weil es überall am Straßenrand Motels gibt. Muss nicht auf die Tankanzeige schauen, weil immer irgendwo eine Tankstelle am Horizont auftaucht. Muss noch nicht einmal Strecke und Ziel planen – dieses Land ist zugepflastert mit Orten und Momenten, die das Anhalten lohnen. Wer hier reist, muss einfach nur unterwegs sein – alles andere ergibt sich von selbst. Man braucht nur vollzutanken. Und losfahren.

Das Straßennetz der USA führt bis in die hintersten Ecken und Winkel der US-amerikanischen Landkarte, und die Erschließung des Kontinents durch die Interstates (jene autobahnähnlichen Straßen, die Staat mit Staat verbinden) in den Vierzigern und Fünfzigern wird noch heute als eine der größten amerikanischen Errungenschaften überhaupt gefeiert. Tatsächlich war das Reisen in der Ära vor den Interstates eine eher mühselige Angelegenheit: Obwohl die Gleise von 27 verschiedenen Bahnlinien kreuz und quer über den Kontinent verliefen und nur wenige Farmen mehr als ein paar Meilen von der nächsten Station entfernt lagen, war an ein Fortkommen oft nicht zu denken – je nach Region versanken die Zufahrtswege zwischen Oktober und April entweder in knietiefem Schnee oder in ähnlich tiefem Schlamm. Die damals existierenden Routes und Highways waren unbefestigte, tückische Auf- und Ab-Pisten voller Kurven, die allgemein den Ruf genossen, Fahrzeuge nur ungern wieder heil herauszurücken. Den Großteil des Jahres existierten die USA als viele kleine Amerikas, von denen jedes vom anderen isoliert war.

2,7 Kilometer Makellosigkeit: San Franciscos Golden Gate Bridge gehört zu den schönsten Bauwerken des Kontinents. Sie wurde 1937 eröffnet und verbindet die Stadt mit dem Marin County und den nördlichen Landesteilen.

Fünfmal bis zum Mond

Die Interstates aber machten die USA zu einer Einheit, indem sie zusammenführten – und es ist eine böse Ironie, dass sie das Land gleichzeitig unwiderruflich teilten: In Bevölkert und Verlassen, in Arm und Reich. Mit den Asphaltmengen, die für ihren Bau verwendet wurden, könnte man die Distanz zwischen Erde und Mond fünf Mal planieren. Je mehr verbindender Asphalt aber gegossen wurde, desto mehr wurden die USA auseinandergerissen. Ehemals prosperierende Orte verfielen, weil der Interstate ein paar Meilen von ihnen entfernt verlief. Kleine Geschäfte mussten schließen, weil an den Ausfahrten der neuen Schnellstraßen gewaltige Shopping-Malls eröffneten. Aber die Interstates lockten die Menschen auch aus den Großstädten – nicht aufs Land oder in die Natur, sondern in künstlich angelegte Vor- und Zwischenorte, Suburbia-Siedlungen vom Reißbrett, mit immer gleichen Häusern, angeordnet in immer gleichen Mustern, austauschbar von New Jersey bis Kalifornien. Und an den allgegenwärtigen „Mainstreets" des alten Amerikas, die von jetzt auf gleich keine Hauptstraßen mehr waren, standen die Häuser mittlerweile da wie Kulissen eines Potemkischen Dorfes.

Entlang der Blue Highways

Wenn man einen amerikanischen Straßenatlas aufschlägt, nimmt man die roten Interstate-Linien beim ersten Hinsehen überhaupt nicht wahr – das Auge wird automatisch von einem feinen, den Kontinent umspannenden Spinnweben-Netz aus verschlungenen grauen, blauen und gelben Strichen angezogen, feinadrige Linien wie die Furchen auf dem Gesicht von Johnny Cash, der die Interstates in einem seiner Lieder als „Empire of the Evil" bezeichnet hat. Das war schon in den Sechzigern, und Cash damals so etwas wie der Rufer in der Wüste. Und als Schriftsteller wie Hester Blue Moon in Bestsellern beschrieben, dass die wirklichen USA abseits der Interstates und entlang der „Blue Highways" lagen, war es fast schon zu spät: Auf der Suche nach der metropolitanen Zukunft hatte Amerika seine ländliche Vergangenheit beinahe schon vergessen.

Noch aber ist sie da. Man muss nur die Interstates mit ihren Fastfoodketten, Malls und Elektro-Großhändlern verlassen. Muss hinaus auf die Highways. Und dort so langsam fahren, dass man nicht am wahren Amerika vorbeirauscht. Denn auch diese Zeit sollte man sich nehmen bei einer Reise durch die USA. Anhalten, mit den Menschen reden, die kleinen, unscheinbaren Museen am Straßenrand besuchen, die Lokalpostille lesen, abends am Bartresen mit anderen Gästen plauschen: Auf diese Weise erfährt man mehr über das Land als beim gehetzten Abklappern möglichst vieler Nationalparks und Großstadtschluchten innerhalb der wenigen Wochen, die einem zur Verfügung stehen. Und mehr über die Amerikaner sowieso.

Mehr als Großstadtschluchten und Nationalparks

Deswegen sollte man mehr sehen von den USA als die obligatorischen Städte. Natürlich ist New York City für seine Einwohner das Maß aller Dinge, und wenn schon nicht die Kapitale der USA, dann wenigstens die Hauptstadt der Welt, und nach dem 11. September erst recht. Klar: Boston ist wunderschön. Und New Orleans und San Francisco sind noch schöner. Los Angeles muss man gesehen haben, Seattle und Austin darf man eigentlich nicht verpassen. Und Miami? Klar, Miami auch. Und Santa Fe. Und Las Vegas. Und Denver-Chicago-Memphis-Nashville. Doch bei dem, der diese Metropolen besucht, stellt sich irgendwann eine innere Unruhe ein. Eine Sehnsucht nach dem anderen Amerika. Ein Wunsch, mehr von diesem Land zu sehen als seine über Flughäfen und Bonus-Mileage-Programme verbundenen Großstädte. Ein Drang, dieses Land zu erfahren. Im wahrsten Sinne des Wortes. „In den Vereinigten Staaten ist mehr Raum, wo niemand ist, als Raum, in dem Menschen sind. Das macht Amerika zu dem, was es ist", hat Gertrude Stein geschrieben. Das ist zugegebenermaßen ein paar Jahre her. Richtig ist es noch immer. Und beweisen lässt es sich auf jeder Landstraßenfahrt.
Manchmal findet man auf so einer Tour über hunderte von Meilen nur Gebäudeansammlungen, die sich der Straße in den Weg gelagert haben, damit sie sich Orte nennen dürfen. Und zwischen diesen Orten ist es manchmal so, als ob die Weite und die Straßenmeilen sich die Aufmerksamkeit des Reisenden erzwingen, indem sie ihn vollkommen isolieren von der anderen Welt, aus der er kommt. Dann ersetzt der Überfluss an Horizont das Ich-Gefühl durch Raumgefühl, und man wird ganz klein in diesem gewaltigen Land. Wenn dann noch eine Szenerie wie im Südwesten hinzukommt

Die Gipfel im Grand Teton National Park sind bis zu 4000 Meter hoch. Am eindrucksvollsten präsentieren sich der Grand Teton und der Mount Moran. Die Tetons gehören zu den jüngsten Bergketten der Rocky Mountains. Erst vor neun Millionen Jahren erhoben sich ihre Gipfel aus der Erde – nur ein Wimpernschlag in der langen Erdgeschichte. Von der Straße hat man eine herrliche Aussicht auf die Berge.

oder die endlosen Ebenen der Staaten im Norden, weiß man: Beim Fahren auf dem Highway geht es nicht ums Ankommen, sondern ums Wegfahren. Wer auf dem Highway unterwegs ist, bewegt sich zwischen – nicht bloß zwischen zwei Orten, sondern auch zwischen zwei Gemütszuständen, und manchmal sogar zwischen zwei Leben. Man lässt seine alte Identität hinter sich und sucht eine neue, jedenfalls für eine Zeit lang. Man fährt auf der Straße der Erinnerung oder auf der des Vergessens.

Highwayfahren – eine Art Hypnose

Deshalb ist es gut, dass die meisten Highways schnurstracks geradeaus führen (wenn man in ihrer Mitte ein Gewehr abfeuern würde, fände man die Patrone eine Meile weiter in der Mitte des Asphalts). Und dass amerikanische Mietautos einen Tempomaten haben. Highwayfahren kann wie Hypnose sein, eine Meditation, aus der man nur durch die Hinweistafeln am Straßenrand gerissen wird. Auf diesen Schildern entlang des Highways wird oft auf Orte verwiesen, die auf keiner Landkarte zu finden sind. Stätten, an denen sich die USA herausgebildet haben, ohne dass dies heute jemand wahrhaben möchte. Eine alte Goldgräberstadt. Renovierte Baracken am Rande eines Baumwollfeldes, in denen die Sklaven eingesperrt waren. Eine stillgelegte Mine. Ein Tal mit Felszeichnungen der Native Americans.
Für einen Europäer hat die US-amerikanische Geschichte den Vorteil, dass sie begreifbar ist, weil sie eben nicht Jahrtausende in die Vergangenheit ausschreitet (und wo sie es tut, ist von ihr nicht viel mehr übrig geblieben als die Fels-Pueblos der Anasazi). Noch zu Anfang des 19. Jahrhunderts spielte sich das weiße Amerika an der Ostküste ab. Jenseits der Appalachen war Indianerland, in Florida waren die Spanier, und das, was heute Texas heißt, schrieb sich damals noch mit „j“ statt „x“ und war ein

mexikanischer Bundesstaat. Es gehört zu den faszinierendsten Entdeckungen einer USA-Reise, irgendwann in den Weiten der Präriestaaten oder in der Wüste Nevadas herauszufinden, wie rasend schnell dieser Kontinent erschlossen (beziehungsweise und je nach Standpunkt: erobert) wurde. Innerhalb weniger Jahrzehnte durchquerten Eisenbahnschienen und Siedlertrecks die Weiten des Westens, und begleitet von den singenden Drähten der Morsetelegrafen explodierte das Land Richtung Pazifik. Das „Go West, young man!" der um Pioniere buhlenden Siedlungsbehörden war zum Lebensmotto einer ganzen Generation geworden. Und während sich die einen tatenhungrig auf die Suche nach dem Gelobten Land aufmachten, kämpften die anderen um das schiere Überleben: Über 400 Verträge haben die Regierungen der USA mit den Native Americans ausgehandelt – und jeden einzelnen davon gebrochen. Die Behauptung, Amerika sei ein Land ohne Bezug zu seiner Geschichte, ist ein beliebtes europäisches Vorurteil – auch das wird auf einer Reise durch die USA widerlegt. An der Ostküste mag die Suche nach der Vergangenheit bei den Pilgrims der Mayflower enden; in weiten Teilen der Vereinigten Staaten aber wird die amerikanische Historie detaillierter gepflegt. Die Cajun-Kultur in Louisianas Backcountry beispielsweise, der spanische Einfluss in Kalifornien und den Südweststaaten, der afroamerikanische im tiefen Süden – nicht erst seit ein paar Jahren hat Amerika sein Geschichtsbewusstsein entdeckt. Und weil die Wurzeln dieser Geschichte in vielen Fällen in Europa liegen, wird auf so einer Reise auch der Verstand für die eigene Geschichte geschärft.

Blick in die Zukunft

Und möglicherweise erlaubt so eine Reise ja auch einen Blick in die Zukunft. Einen Blick, bei dem man erkennen kann, wie die nächsten Jahrzehnte in der Alten Welt jenseits des Atlantiks aussehen könnten. Bei der man ahnt, dass ein als „Future City" gepriesener Moloch wie Los Angeles nie funktionieren wird, weil sich Jahrzehnte lang niemand um die Lösung des allgegenwärtigen Verkehrs- und Smogproblems gekümmert hat. Dass hingegen das Leben in einem Kulturen-Mosaik wie New York ohne einen Rassenhass auskommt, auf dessen Höhepunkt Weiße einen Schwarzen auf offener Straße und vor den Augen dutzender stummer Zeugen totprügeln. Nach so einer Reise weiß man, wie unwiderruflich Sondermülldeponien und Militärtestgelände ganze Landstriche unbewohnbar machen. Und dass man Natur unter Schutz stellen muss, bevor sie nicht mehr vorhanden ist.

Schaufelraddampfer am Dock in New Orleans: 1812 fuhr der erste auf dem Mississippi, er stand im Liniendienst zwischen New Orleans und Natchez. Dann entwickelte sich der Verkehr rasant: 1817 waren es 17 Schiffe, 1820 fuhren 69 und 1850 über 700 Dampfschiffe. Der Mississippi war zur Lebensader des mittleren Westens geworden, die Wirtschaft der Städte am Fluss florierte und Siedler fanden hier ihren Ausgangspunkt für ihren Treck nach Westen.

Das Erleben der nordamerikanischen Natur: Auch so etwas, das nach einer Reise durch die USA bis in alle Ewigkeiten im Logbuch der Erinnerungen geschrieben stehen wird. Statistisch gesehen, machen die Nationalparks der USA nur einen verschwindend kleinen Prozentsatz der gewaltigen Landmasse aus – in der Realität aber ist er gewaltig. Und neben diesen Nationalparks gibt es hunderte State Parks, Naturschutzgebiete des jeweiligen Staates (nicht des Bundes, wie die National Parks), aber oft nicht weniger eindrucksvoll. Und meistens viel weniger besucht als die Nationalparks mit ihren klingenden Namen, in denen man während der Sommermonate mittlerweile Schwierigkeiten haben kann, einen Parkplatz zu finden. In beinahe jedem dieser Parks kann man tage- und wochenlang wandern, ohne einen Weg zweimal gehen zu müssen. In vielen kann man eine Woche lang unterwegs sein, ohne einem anderen Menschen zu begegnen. Allerdings kann man sich in einigen so fernab der nächsten Zivilisation verlaufen, dass man nie wieder gefunden wird.

Eine Ahnung vom Paradies

Obwohl vielen dieser Parks seit Jahren eine skrupellose Allianz aus Holzindustrie, Energiepolitikern und Landwirtschafts-Lobbyisten auf den Leib rückt und viele Naturschutzgebiete längst zu abgeriegelten Oasen geworden sind, an deren Rändern Rinderherden knabbern und Interstates breit wie Baseballfelder den Übergang zum „fortschrittlichen" Amerika markieren, bieten die Nationalparks der USA auch zu Beginn des 21. Jahrhunderts einen Einblick in die Vergangenheit. In eine Zeit, in der das Land noch für sich war, ohne Menschen, ohne Interstates, Pickups, Shopping-Malls. Es sind diese Momente, in denen man ahnt, dass so möglicherweise das Paradies auf Erden ausgesehen

haben mag: Wenn sich in der Gischt eines Wasserfalls in Yosemite ein Regenbogen bildet. Der Schnee in Yellowstone wie die Federn einer himmlischen Kissenschlacht zu Boden schwebt, alles ein bisschen dämpft und alles ein bisschen weniger wichtig macht. Die Sonne frühmorgens im Saguaro National Park nach Halt tastet, um sich dann mit einem gewaltigen Klimmzug auf die Kakteen zu stürzen. Wenn der Wind im Acadia National Park pfeift, als würde er Reden halten und der Regen sich anhört, als applaudiere er. Und wer jemals im Glacier National Park einem Grizzly über den Weg gelaufen ist, der hat nicht nur Respekt vor dem König der Rockies. Er hat auch Respekt vor dem Rest der Schöpfung. Und jetzt: Los! Vom Parkplatz des Mietwagen-Verleihers Richtung Westen, und dann immer geradeaus.

„Where big wheels roll through fields
where sunlight streams –
meet me in the Land of Hope and Dreams.“

Das ist übrigens auch von Bruce Springsteen.

Seite 22/23:
Der Crater Lake in dem gleichnamigen Nationalpark entstand nach dem Ausbruch des Mount Mazama vor etwa 6800 Jahren. Die Spitze des Berges stürzte ein und bildete eine so genannte Caldera, einen schüsselförmigen Krater von acht Kilometern Durchmesser. In diesem Krater sammelte sich Wasser.

Seite 24/25:
Manhattans Hauptbahnhof, das Grand Central Terminal, hat seine Bedeutung für den Personenverkehr längst eingebüßt. Weil in den USA entweder Auto gefahren oder geflogen wird, ist der wunderschön renovierte Bahnhof heute eigentlich nur noch für Pendler wichtig.

GRAND CENT
TERMINAI
ONLY

LEFT
LANE
ENDS

Wo die USA geboren wurden – der Osten

Wenn der Herbst nach New England kommt, werden Städter zu Baum-Experten. Grüntöne werden zu Rot und Gold, wie hier in Newfane in Vermont.

Der Indian Summer macht komplette Staaten für wenige Wochen zu den beliebtesten Reisezielen des Kontinents.

Die Ostküste: Das ist der Ort, an dem die USA geboren wurden. Hier landeten die ersten Siedler, hier wurden die ersten Städte gegründet, hier entstand der erste Reichtum. Boston, New York, Washington und Philadelphia waren die Sprungbretter, von denen aus der Kontinent erschlossen wurde.

Die Ostküste der USA: Das ist der Ort, an dem es an einem sonnigen Herbstmorgen des Jahres 2001 so aussah, als würde hier auch alles enden. Die Flugzeuge, die am 11. September in das World Trade Center flogen, haben mehr als nur zwei Türme zerstört. Der Rest der USA wird sich irgendwann von diesem Schock erholen; New York aber wird vermutlich niemals mehr so sein, wie es einmal war. Auch, wenn die Erinnerung an den 11. September irgendwann verblassen sollte: Die Narben werden bleiben, nicht nur im Stadtbild. Dabei hatte die Mega-Metropole am Hudson gerade Schwung genommen. War in den letzten Jahren immer attraktiver, sauberer, sicherer geworden. Und hatte mit ihrer gewaltigen Sogwirkung auch weiten Teilen der Ostküste immer mehr Besucher verschafft. Bis auf Boston sind das zum größten Teil Regionen, die noch immer den touristischen Dornröschenschlaf schlummern. Wirklich populär sind nur New England im Indian Summer. Und Miami mit den Keys im Winter, wenn es den Europäern zu Hause zu kalt ist.

Dabei ist beinahe die komplette Ostküste sehenswert. Im Norden vom Acadia National Park bis hinunter nach Martha's Vineyard und Cape Cod, den traditionellen Sommerfrischen wohlhabender Großstädter (die, man ahnt es, schon immer wussten, wo es am schönsten ist). Und im Süden über Washington und die Chesapeake Bay in die Carolinas, den Bundesstaaten mit den unberührtesten Stränden des Kontinents. Dass in den Carolinas dann auch noch Schmuck-Städte wie Savannah und Charleston liegen, macht den Nachbarn Florida ziemlich eifersüchtig. Aber der hat ja seine Winter-Touristen.

DO NOT
ENTER

Rechts:
Der Bundesstaat Maine im Nordosten der Vereinigten Staaten liegt schon an der Grenze zu Kanada. Er weist viele hübsche Hafenstädte (hier Bucksport) auf und ist im Sommer eine begehrte Urlaubsdestination. Hier befindet sich auch Fort Knox, die berühmte Verteidigungsanlage aus Granit und Lagerort der amerikanischen Goldreserven.

Links:
Echo Lake in Vermont: Solcher Einsamkeit begegnet man auf Schritt und Tritt. Vermont ist eine der umweltbewusstesten Gegenden in den USA. Im Gegensatz zu anderen Bundesstaaten wurde per Gesetz bestimmt, dass an seinen Highways keine riesigen Werbeplakate angebracht werden dürfen.

Rechts und unten:
Wo die amerikanische Aristokratie zu Hause ist: Im Bostoner Beacon Hill Bezirk siedelten sich die Nachfahren der Puritaner an. Die Gegend zeichnet sich durch einheitlich rote Ziegelhäuser im schlichten Stil des späten 18. Jahrhunderts aus. Im 19. Jahrhundert setzten sich die wohlhabenden Bewohner des Bezirks für die Abschaffung der Sklaverei ein.

Oben:
Außenposten am Rande des Kontinents: Leuchttürme wie das Bass Harbor Headlight auf Mount Desert Island vor der Küste Maines gibt es in diesem Teil der USA alle paar Meilen.

Links:
Nachgestellte Americana: Auf der Plimoth Foundation in Plymouth, Massachusetts, spielen Darsteller das Leben der ersten europäischen Siedler nach.

Seite 32/33:
Hinter dem Horizont geht's weiter: Es gibt diese Tage in New York City, an denen man von hier bis weit nach Upstate New York schauen kann. Von der Panoramaplattform des Rockefeller Centers schaut man über Downtown und links überragt das Empire State Building die Stadt.

verizon

Links:
Am schönsten ist Manhattan von oben: Ein Fenster auf eine der Avenues ist wie der Blick auf ein Bild von Breughel oder Bosch, bei dem sich die kleinen und winzigen Details erst nach und nach offenbaren. Hier der Blick vom Four Seasons Hotel auf die 57th Street.

Rechts:
Das 1931 fertiggestellte General Electric Building, das damals RCA Victor Building hieß. Die Spitze soll an Radiowellen erinnern und wird nachts von innen illuminiert.

Rechts Mitte:
Das New York Life Insurance Company Building ist Stammsitz der gleichnamigen Versicherungsgesellschaft. Das 1845 gegründete Unternehmen versicherte anfangs die Sklaven auf den Baumwollfeldern der Südstaaten; heute gehört die NYLIC zu den größten Versicherern der Welt.

Ganz rechts:
Auch hier schien der Architekt nicht wirklich ein Ende finden zu wollen: Spitze des Waldorf-Astoria Hotels.

Rechts unten:
Die 1883 eröffnete Brooklyn Bridge gilt neben dem Eiffelturm als größte architektonische Leistung des 19. Jahrhunderts. Den schönsten Blick hat man, wenn man seinen Spaziergang über die Brücke in Brooklyn beginnt – dann hat man nämlich Manhattan immer vor sich.

THE POWER TO
PUT AN END TO
HUGE OVERAGES.
Sprint POWER UP
Thank You Get points for banking.
citibank

LANE
FIRE

Links oben und links unten:
Neo-Design: In den letzten Jahren sind in die Fassaden integrierte Videoscreens am Times Square immer populärer geworden. Die alten Papierplakate gibt es aber auch noch.

Links Mitte:
Fahrgäste verlassen ihr Taxi am Times Square. Das Verhältnis zwischen dem New Yorker an sich und dem New Yorker Cabbie an sich ist nicht unbedingt ein ungetrübtes. Man könnte auch sagen: New Yorker hassen die Taxifahrer, und die Taxifahrer hassen die New Yorker – das Schlimme ist, dass beide aufeinander angewiesen sind. 12 000 Taxen gibt es in New York. Wenn man eins braucht, ist trotzdem keines da.

Unten:
Heart of the City, Crossroads of the World: Der Times Square ist nach wie vor das Herzstück der Stadt. Werbung am berühmtesten Platz des Planeten kostet die Unternehmen im Schnitt zwei Millionen Dollar jährlich – und gilt bei über 500 Millionen Passanten im gleichen Zeitraum trotzdem als betriebswirtschaftlich sinnvoll.

Seite 36/37:
Am Flatiron Building schneiden sich 6th Avenue und Broadway. An seiner schmalsten Stelle ist das spitz zulaufende Gebäude nur knapp zwei Meter breit.

Rechts:
Von den obersten Etagen des Four Seasons Hotels genießen Gäste den Blick auf den Central Park und die Upper East Side, New Yorks teuerste Wohngegend. Stadthäuser werden am Immobilienmarkt für 75 Millionen Dollar gehandelt.

Links:
So leer ist die Great Lawn – die Große Wiese – im Central Park nur kurz nach Sonnenaufgang. Ansonsten treffen sich Parkbesucher hier zum Picknick, Ballspielen oder Sonnenbaden. Auch Gratiskonzerte finden hier statt. So traten zum Beispiel Simon & Garfunkel und die New Yorker Philharmoniker hier auf.

Hoffnung auf eine neue bessere Welt – Einwanderungsland USA

Give me your tired, your poor, your huddled masses yearning to be free" – die berühmte Inschrift im Sockel der Freiheitsstatue entsprach schon bei der Enthüllung von Lady Liberty nicht mehr bloß einem Wunschdenken der USA. Damals, 1886, waren bereits Millionen in die Neue Welt immigriert, aber noch immer waren die Weiten des Kontinents so unermesslich wie unbesiedelt – zumindest aus der Sicht seiner weißen Bewohner. Die USA wollten weitere Neubürger. Die USA sollten sie bekommen. Das Eingangstor zur Neuen Welt war damals New York. Zwischen 1892 (als die Einwanderungsbehörde nach Ellis Island verlegt wurde) und 1924 (als die USA damit begannen, potenzielle Immigranten bereits in ihren Heimatländern zu überprüfen) strömten zwölf Millionen über die kleine Hafen-Insel in die USA. Heute können etwa 40 Prozent der US-amerikanischen Bevölkerung ihre Wurzeln bis zu jenen Einwanderern zurückverfolgen, die über Ellis Island ins Land gekommen sind. Den größten Anteil hatten dabei die Italiener mit über 2,5 Millionen Immigranten; aus Russland kamen knapp 1,9 Millionen, aus Deutschland 633 000.

Aber die Einwanderungswellen hatten natürlich schon weit früher begonnen. Zwischen 1815 und 1860 war die Bevölkerungszahl der USA explodiert. Deutsche und vor allem Iren flohen vor verheerenden Hungersnöten in ihren Heimatländern; allein in Dublin schifften sich zwischen 1831 und 1841 beinahe 200 000 ein, nach der Kartoffelmissernte 1845 noch einmal 85 000 allein im Jahr 1847. Die europäischen Revolutionen des Jahres 1848 brachten die nächste Einwanderungswelle: Deutsche, tschechische und ungarische Demokraten flohen vor den neuen Regimen ihrer Heimat.

Leipzig in doppelter Ausführung

Die Immigrantenzüge folgten dabei einem Grundmuster: Neuankömmlinge zogen meistens dorthin, wo schon andere aus der alten Heimat einen Neuanfang gewagt hatten. Die Skandinavier immigrierten in die nördlichen Präriestaaten (und weiter ins südliche Kanada), osteuropäische Juden gründeten Ersatz-Shtetl in New York, Einwanderer aus den Mittelmeerländern ließen sich auf der Suche nach dem vertrauten Meer an den Küsten der USA nieder. Und die Deutschen – zwischen 1860 und 1920 mit vier Millionen Einwanderern die zweitgrößte Gruppe nach der aus Großbritannien – zog es vor allem nach Missouri, Illinois, Ohio und Indiana, wo es noch heute Leipzigs, Hamburgs und Dresdens in doppelt- und dreifacher Ausführung gibt. Das alles blieb auch für das soziopolitische Gefüge innerhalb der Vereinigten Staaten nicht folgenlos: Die neuen Siedler verschoben die Grenze immer weiter und immer schneller nach Westen; Mitte des 19. Jahrhunderts fraß sich „the frontier" mit einer flotten Tagesdurchschnittsgeschwindigkeit von 25 Metern Richtung Pazifik, und es war vor allem dieser Bevölkerungsdruck, der den Niedergang der Native Americans beschleunigte. Vielen war das noch immer zu langsam: Als die beiden Entdecker Lewis und Clark von ihrer Expedition an den Pazifik zurückkehrten, kamen ihnen auf dem Missouri hunderte Boote mit Siedlern entgegen – auf dem Weg in ein unbekanntes Land, das das Pionierkorps soeben erst kartografiert hatte.

Zu Beginn des 21. Jahrhunderts sind die USA beinahe flächendeckend besiedelt. Ein Einwanderungsland sind sie dennoch geblieben: Jährlich bewerben sich Hunderttausende um eine Green Card, die unter bestimmten Auflagen ei-

Ganz links oben:
Westward Ho! Deutsche Einwanderer auf dem Zug ins Landesinnere. Um sicherer reisen zu können, schlossen sich einzelne Familien in der Regel zu großen Zügen zusammen.

Links:
Zwischendeck eines Auswandererschiffes im 19. Jahrhundert. Während die Passagiere der Ersten Klasse luxuriös über den

ner unbeschränkten Aufenthaltsgenehmigung gleichkommt und deren Vergabe nach einem bestimmten Nationenschlüssel geregelt wird. Alle anderen kommen illegal ins Land, vor allem aus Asien, wo Schlepperbanden ahnungslose Immigranten in Schiffsrümpfe stecken. Die meisten „illegal aliens" aber wandern über den „tortilla curtain" ein, die Grenze zu Mexiko, die gleichzeitig auch Grenze zu ganz Mittel- und Südamerika ist. Und während die Border Patrol versucht, so viele wie möglich abzufangen, haben die Einwanderungsbehörden längst kapituliert: Keine Stadt in diesem Teil der USA wäre ohne diese illegalen Arbeitskräfte noch lebensfähig. In einigen Teilen Kaliforniens und den Staaten des Südwestens sprechen schon heute mehr Menschen Spanisch als Englisch.

Atlantik fuhren, herrschte in der zweiten Klasse quälende Enge – die bei zeitgenössischen Zeichnern oft genug beinahe idyllisch ausfiel.

Oben:
Zwischendeck-Passagiere des Dampfers „Graf Waldersee" auf dem Weg nach Amerika. Am Ende der Schlange steht die Suppenküche. So hart die lange Überfahrt über den Atlantik war, kamen Millionen von Einwanderern aus der Alten Welt zunächst nach New York, bevor sie westwärts weiterzogen. Diejenigen, die blieben, prägten das Bild der Stadt.

Ganz oben:
Die Haupthalle der Einwanderungsinsel Ellis Island, von deutschen Immigranten wegen der vielen Gitter „Tierpark" genannt.

Oben:
Der „Familienraum" war oft Zwischenstation in den Auswanderungsbaracken der Hapag, der Hamburgisch-Amerikanischen-Paketfahrt-Aktien-Gesellschaft.

Linke Seite:
Vom Kapitol bis zum Washington Monument erstreckt sich die „Mall", eine anderthalb Meilen lange Parkanlage mit den wichtigsten öffentlichen Gebäuden der Hauptstadt.

Präsidenten-Denkmal Eins: Das Thomas Jefferson Memorial ist das jüngste der Monumente entlang der Mall. Das 1943 vollendete Bauwerk ist „Monticello", dem Landsitz des dritten US-Präsidenten, nachempfunden.

Präsidenten-Denkmal Zwei: Von den Stufen des Lincoln Memorials hielt Martin Luther King 1963 seine berühmte „I have a dream"-Rede. Abraham Lincoln hatte nach dem Civil War 1865 mit dem „Thirteenth Amendment" die Sklaverei abgeschafft.

Rechts:
Unbekannte USA: Obwohl Maryland und Virginia zu den schönsten Staaten der Ostküste gehören, liegen Gegenden wie am Blue Ridge Parkway in Virginia abseits der ausgetretenen Pfade.

Unten:
Marylands Chesapeake Bay galt lange Zeit als größtes Seafood-Reservoir des Kontinents. Heute haben Phosphor und Nitrate „The Bay" an den Rande des Kollaps gebracht: Auf hundert Austern der Vergangenheit kam zu Beginn des 21. Jahrhunderts nur noch eine einzige.

Oben:
Der Blick in die endlose Weite Amerikas – entlang des Blue Ridge Parkway in Virginia findet man unvergessliche Ausblicke.

Links:
Eine Reise durch Virginia kann schnell zu dem werden, was man eine „non-stop history tour" nennen könnte. Nirgendwo sonst in den USA wird das koloniale Frühstadium des Landes so beschworen wie hier – die Columbus Street in Old Town Alexandria.

Links:
Wenn es Nacht wird, wirft sich Miami Beach in Schale. Vor allem in den Bars und Restaurants entlang des Ocean Boulevards beginnt der Tag erst jetzt. Aber nur langsam. Ist noch zu früh.

Unten:
Neon-Zeit: Abendstimmung am Ocean Drive. Es gibt hier kaum ein Gebäude, das kein Hotel ist. Oder zumindest ein Restaurant.

Ganz unten:
Miami Beach ist nicht Orlando – hier hat alles Stil. Selbst ganz normale Diner sehen in Floridas schönster Stadt aus, als würden sie Sterneküche servieren.

Unten:
Floridas Flora und Fauna gehört zur vielfältigsten des gesamten Kontinents – fragile Ökosysteme wie die Everglades aber sind zu Beginn des 21. Jahrhunderts in Gefahr, weil Interstates und Suburbia an ihren Rändern nagen. Auf einer Kanu-Tour im Chassahowitzka National Wildlife River Refuge bei Spring Hill kann man die Wasserwelt am besten erkunden.

Links und ganz links:
Allein die Vogelwelt Floridas ist faszinierend und lockt Beobachter aus aller Welt an. Neben Braunen Pelikanen (ganz links) und dem großen Blauen Reiher (links) gibt es eine Vielzahl an Vogelarten.

Oben:
Noch kann der Biologe Joe Wasilewski den Alligator in der Hand halten. Die Sumpfbewohner sind in manchen Gegenden Floridas schon wieder so zahlreich, dass sie zur Plage werden.

Oben:
Useppa Island gehört zu den exklusivsten Inseln an der Lee Island Coast in Florida. In den herrschaftlichen Villen an der Küste wohnen fast ausnahmslos Millionäre.

Rechts:
In zahlreichen Städten Floridas und besonders hier in Fort Lauderdale, dem „Venice of America", wurde das Motorboot zum alltäglichen Verkehrsmittel. Über ein Netz von Kanälen kommt man zum Supermarkt und ins Büro.

Oben:
Sanibel und Captiva Island wurden 1513 von Juan Ponce de León entdeckt und „Muschelinseln“ getauft. Noch heute sind sie ein Mekka für Muschelsucher.

Links:
Zwischen 1928 und 1939 lebte Ernest Hemingway in diesem Haus auf Key West, Florida. Zusammen mit seiner Frau Pauline und seinen Katzen verbrachte er dort einige seiner glücklichsten Jahre.

Rechts:
Miami Beach ist mit Miami durch mehrere „Causeways" verbunden, aufgeschüttete Dämme mit breiten Straßen und einer phänomenalen Aussicht auf die Skyline und die Bucht.

Links:
Auch auf dem Wasser ist viel los: Segelboote vor dem attraktiven Panorama von Miami Beach, einst die Heimat schmuckloser Hotelbauten und schmuddeliger Mietshäuser für mittellose Senioren.

The Old South – die Südstaaten

Beaufort spricht sich Bjuufort und ist das Einfallstor zu den Sea Islands, einer lang gezogenen Inselkette vor der Küste South Carolinas.

Und jetzt: Der Süden. Oder, je nachdem: Die Südstaaten. Oder auch: „The Old South“. Man merkt schon: Hier herrscht Verwirrung – anders als bei Staaten-Konglomeraten wie Neu-England oder dem Mittleren Westen kann man sich im Süden nie so ganz sicher sein, welcher Staat denn nun dazu gehört und welcher nicht. Oder welcher dazugehören möchte und welcher nicht. Das hat vor allem historische Gründe, deren Ursprung in der Zeit des amerikanischen Bürgerkriegs liegt. „Im Süden ist der Bürgerkrieg das, was das Jahr von Christi Geburt überall sonst in der westlichen Welt ist: Im Süden datieren sie alles von diesem Zeitpunkt ab“, hat Mark Twain geschrieben. Damit kann man es dann auch belassen.

Unter dem Banner des „Old South“ versammeln sich heute (freiwillig!) die Staaten Georgia, Kentucky, Tennessee, Alabama, Mississippi, Arkansas und die beiden Carolinas. Das sind Staaten der landschaftsfüllenden „Vom Winde verweht“-Reminiszenzen, mit Baumwollfeldern in drückender Schwüle, liebevoll restaurierten Plantagen-Häusern, beinahe unberührten Küsten und tiefen Wäldern. Und mit Städten wie Charleston und Savannah, die Dank ihrer architektonischen Unversehrtheit beinahe ausschließlich vom Geschäft mit einem verkitschten „Old South“-Image leben. Aber auch die ehemaligen Verkehrsknotenpunkte Memphis und Nashville gehören dazu. Und die Metropole Atlanta, die sich als „The Capital of the South“ versteht.

New Orleans in Louisiana hat solche Ansprüche nie erhoben: New Orleans ist anders, und darauf ist New Orleans stolz. Wegen seiner beinahe aufreizenden Lässigkeit, der allgegenwärtigen Musikalität und des tropisch-schwülen Klimas müsste es eigentlich ein paar hundert Meilen weiter südlich in der Karibik liegen. Dass die Stadt stattdessen am Südrand der Vereinigten Staaten gelandet ist, erscheint vielen hier als ein kleines Missgeschick bei der Welterschaffung. Und obwohl geografisch näher an Washington als viele andere US-Städte, ist New Orleans der Ort, der am weitesten entfernt ist von den USA.

Im Land der Sümpfe: Gegenden wie der Okefenokee Swamp Park in Georgia gehören zu den unzugänglichsten Regionen der USA, in die man nur mit Booten eindringen kann. Sie beherbergen eine ungeheure Artenvielfalt zwischen Flussotter (unten) und Alligator (Mitte). Die großen Echsen gibt es mittlerweile wieder so zahlreich, dass sie in manchen Gegenden zur Plage werden. Weswegen sich wiederum Profis wie Jacky Carter, „'Gator Catcher" aus Folkston in Georgia, keine Sorgen um ihr Auskommen machen müssen (ganz rechts).

Sonnenuntergang über den Sümpfen von Alligator Bayou nahe Baton Rouge, der Hauptstadt Louisianas. Die französischen Namen erinnern an die Franzosen, die in der 2. Hälfte des 17. Jahrhunderts das Gebiet erforschten.

Unwirkliches Grün bringt das subtropische Klima Louisianas in den Sümpfen von Atchafalaya Basin hervor.

Kleine Bilder links:
Music Country, USA: Keine andere Region der Vereinigten Staaten hat so viel (und so gute) Musik hervorgebracht wie der Süden. Und keine andere Region verehrt ihre Musiker so: Dem großen Country-Musiker Hank Williams hat man in Montgomery, Alabama, eine Statue errichtet (unten) – und auf der legendären Beale Street in Memphis verehrt man den Blues an sich und als solchen (Mitte). Lebende Legenden? Gibt es natürlich auch! Akkordeonbauer Larry G. Miller aus Iota in Louisiana zum Beispiel (oben).

Unten:
Die Romero Brothers aus St. Martinville sind so etwas wie das historische Gedächtnis des Ortes – und spielen noch jeden Abend an ihrem Stammplatz am Fluss auf.

Kleine Bilder rechts: *Heldenverehrung posthum: Letzte Ruhestätten wie Elvis' Grab in Graceland, Memphis (oben und Mitte), oder das von Sonny Boy Williamson bei Quito, Mississippi, sind Wallfahrtsorte für die trauernde Musikgemeinde.*

Der Klang des Kontinents – Jazz

Ein Jazz-Kapitel? Ein Jazz-Kapitel. Natürlich ein Jazz-Kapitel! Nicht nur, weil Jazz bis heute die einzige eigenständige Kunstform ist, die die Vereinigten Staaten in ihrer – zugegebenermaßen noch immer kurzen – Geschichte hervorgebracht hat. Sondern auch, weil der Jazz den Klang dieses Kontinents geprägt hat wie keine andere Musikrichtung. Gershwins federnde Großstadtsymphonien, die Broadway-Musicals von x und y, Crosby, Sinatra, die Streisand und schließlich die Stakkato-Reime des HipHops – ohne den Jazz wäre das alles undenkbar. Mehr noch als der Blues mit seinen Pop- und Rock-Zöglingen ist er der Soundtrack Amerikas. Und ohne ihn wäre eine Reise durch die USA nicht komplett.

Angefangen hat alles in New Orleans, dem großen „melting pot" des Südens. Der Congo Square ist heute ein unscheinbarer Platz, auf dem nichts mehr an jene Sonntage im 19. Jahrhundert erinnert, als hier der Jazz entstand. Sklaven aus verschiedenen Teilen Afrikas kamen damals an ihrem freien Tag auf dem Congo Square zusammen, um mit ihrer Musik Erinnerungen an die verlorene Heimat zu beschwören. Zuerst mischten sich ihre Polyrhythmen untereinander, später mit den Worksongs der Plantagenarbeiter, noch später mit europäischer Volksmusik. Irgendwann während dieser Sonntage entstanden dann jene Klangstrukturen, die Musikhistoriker als die Anfänge des Jazz bezeichnen.

Die hohe Kunst des Improvisierens

Das freigeistige, liberale New Orleans mit seiner schillernden Mischung aus Franzosen, Afrikanern, Kariben (und allen denkbaren Mischungen) war damals der einzige Ort des Kontinents, an dem dies geschehen konnte. Und außerdem die einzige Stadt Amerikas, die einer neuen Musikrichtung genügend Entwicklungsmöglichkeiten bieten konnte. Das Vergnügungsviertel Storyville war größer und lebendiger als sämtliche Rotlichtviertel der Alten Welt, vor allem aber war es musikalischer: Keine Bar ohne Orchester, kein Bordell ohne Musiker. Hier erhielt der Jazz seinen Namen: Das Wort leitet sich von „Jazebelles" beziehungsweise „Jazebeaux" ab, einem augenzwinkernden Wortspiel mit dem Namen der alttestamentarischen, lebensfrohen Königin Isabel, nach der sich Tänzer und Tänzerinnen nannten. Denn das war der Jazz damals: Tanzmusik. Die hohe Kunst des Improvisierens über einer festen Grundstruktur existierte noch nicht – sie hätte die Tänzer aus dem Takt gebracht.

Dass es ausgerechnet eine weiße Spielart der durch und durch schwarzen Musik war, die dem Jazz den Durchbruch ermöglichte, ist die größte Ungerechtigkeit seiner Geschichte. 1917 wurden die ersten Dixieland-Platten aufgenommen, gebleichter Jazz, von Weißen gespielt, und Amerika stand Kopf. Erst mit Louis Armstrong betrat wieder ein Farbiger die Jazz-Bühne. Der Trompeter gilt als erster virtuoser Solist der neuen Musik; nach ihm kam es im Jazz meist nur noch auf das Können Einzelner an. Aber schon Armstrong konnte nicht mehr in seiner Heimatstadt New Orleans über die Runden kommen: Storyville wurde geschlossen, die Musiker wurden arbeitslos, und ein paar Jahre später hatte sich das Zentrum des Jazz verlagert. Zuerst nach Chicago. Und später dann nach New York.

Im Schwarz und Weiß sorgfältig trennenden Sozialgefüge dieser Metropolen rückten die afrikanischen Elemente der Musik in den Hintergrund: Die Big Bands der Zwanziger machten Tanzmusik mit Jazz-Anklängen. In den Vierzigern entwickelte sich wie zum Trotz dann der schwarze Bebop mit seinen schnellen Läufen (Charlie Parker!), aus dem Bebop ging der Cool Jazz hervor (Miles Davies!), aus dem der Hardbop (John Coltrane!) und aus dem wiederum der Free Jazz (Ornette Coleman!). Nach Dutzenden Verzweigungen und Abspaltungen steckte der Jazz anschließend in einer musikalischen Sackgasse, flirtete mit anderen Musikstilen (was man dann Fusion nannte) – und fand Mitte der 1980er-Jahre wieder zu seinen Wurzeln zurück. Musiker wie der Trompeter Wynton Marsalis spielen heute einen traditionelleren Jazz als ihre Kollegen in all den Jahrzehnten vor ihnen. Da passt es dann auch ganz gut, dass Marsalis aus New Orleans kommt.

Links:
Mit Musik bis ins Grab: Noch heute werden verstorbene Jazzmusiker in New Orleans zu den Klängen einer Brass Band zu Grabe getragen.

Oben:
Im Maison Bourbon im French Quarter in New Orleans wird nach wie vor Dixieland und traditioneller Jazz gespielt, aber auch junge Bands finden hier eine Bühne.

Bilder rechts, von oben nach unten: *Charlie Parker gilt als bester Saxophonist der Jazz-Geschichte. Keiner konnte schneller spielen, keiner klang gleichzeitig so mühe- und schwerelos wie „Bird".*

Duke mit Hut: Edward Kennedy Ellington, den sie alle nur den „Duke" nannten (hier mit dem Ehrendoktor-Hut der Columbia University), hat die Bigband sozusagen im Alleingang erfunden.

Rebellen im Anzug: John Lewis und Miles Davis (rechts) bei einer Jazz-Session für eine Aufnahme bei einem Radiosender.

Synkopen-Urgestein: Schlagzeuger Baby Dodds und Louis Armstrong. Der Trompeter aus New Orleans gilt bis heute als eine der einflussreichsten Persönlichkeiten des Jazz.

Oben:
Das French Quarter in New Orleans verdankt seinen Ruf der Geschichte: Bis 1917 war es offizielles Rotlichtviertel und für amerikanische Begriffe ist es heute noch ein Sündenpfuhl – hier in der Bourban Street.

Rechts:
In der Preservation Hall of Jazz in New Orleans sind viele Jazz-Legenden aufgetreten und manchmal trifft man auch heute einen bekannten Musiker. Auf alle Fälle empfiehlt es sich bei einem Besuch, frühzeitig einen Platz zu sichern.

Oben:
Barry Foulon am Banjo in Fritzel's European Jazz Club: Hier wird auch der traditionelle Jazz gespielt. Die entspannte Atmosphäre lädt ein, selbst zum Instrument zu greifen.

Links:
Das French Quarter von New Orleans war ursprünglich ein französisch-spanisches Viertel und entwickelte sich zu einem lebendigen Zentrum mit Restaurants, Bars und Musikkneipen. Auf den Straßen unterhalten Bands, Gaukler und Wahrsager. Hier Muriel's Restaurant an der Plaza de Armas.

Links:
Deep Down South: Doch, man kann sich vorstellen, wie wohlhabend diese Region einmal war. Gewaltige Herrenhäuser in Südstaatenoptik lassen die Vergangenheit lebendig werden – man erwartet jeden Moment Rhett Butler.

Unten:
Das Innere von Herrenhäusern wie der Butler Greenwood Plantation in Francisville erzählt nicht gerade von Armut. Andere, weniger prächtige Unterkünfte hat man in den meisten Fällen verschwinden lassen: Dass der Wohlstand der Südstaaten auf Sklavenarbeit basierte, wird bei einer Plantagenbesichtigung meistens verschwiegen.

Links:
Auch Universitäten wie die State University Tuscaloosa in Alabama sehen so aus, als sei die Zeit kurz vor dem Einmarsch der Nordstaaten stehen geblieben.

Oben:
Die Inselkette vor der Küste Georgias und den Carolinas gehört zu den schönsten, aber auch unbekanntesten Ecken der Südstaaten. Segelschiffe liegen im Hafen von Tybee Island bei Savannah, Georgia.

Rechts:
Einst das wichtigste Industriegut der USA: Baumwolle. Heute ernten zumindest freie Arbeiter den Rohstoff unter anderem für Jeans auf den weiten Feldern bei Conway, North Carolina.

Links:
Die Häuser der heutigen Südstaatenbewohner fallen etwas bescheidener aus als zu Rhett Butlers Zeiten, dafür verwirklicht man vielleicht seinen Traum bei dem fahrbaren Untersatz in Pink.

Unten:
Abstrakte blau-grüne Wasser-Land-Muster im Sumpfgebiet einer kleinen Insel vor der Küste Georgias.

Rechts und unten links:
Die Verklärung der Südstaatenvergangenheit nimmt manchmal beinahe groteske Züge an: In sogenannten Reenactments spielen an Wochenenden in Georgia regelmäßig tausende Südstaatler Schlachten und Scharmützel aus dem Civil War nach – detailgetreu.

Ganz rechts:
Auf der Oak Alley Plantation nahe Vacherie in Louisiana kleiden sich die Führerinnen in historische Kostüme.

Sonnenschirmchen, Hüte und üppig gerüschte Kleider bilden die Kostüme der Damen, dle belm Civil War Reenactment ihre Rolle zu Zeiten des Bürgerkrieges spielen.

Die Zeit scheint stehengeblieben zu sein: Im Wohnzimmer von Ginger und John Duncan in Savannah wird die Vergangenheit derart intensiv beschworen, dass sie beinahe zur Gegenwart wird.

Big Sky Country – der Mittlere Westen

Ein Netz von markierten und befestigten Wanderwegen zieht sich durch den Grand Teton National Park. Über die Gros Ventre Road gelangt man in die malerischen Red Hills. Offiziell eröffnet wurde der Nationalpark bereits 1929.

Der Mittlere Westen: Das ist Big Sky Country. Ein Land, in dem Himmel und Horizont in einem 360-Grad-Radius miteinander verschmelzen. Wo die Straßen geeichte Geraden ohne überflüssige Schlenker sind, links Zaun, rechts Zaun und links wie rechts dahinter: Nichts. Nichts bis zum Horizont. So ganz stimmt das natürlich nicht: Natürlich hat auch der Mittlere Westen seine Attraktionen. Chicago, natürlich. Die Great Lakes. Und die kaum bekannten Small Lakes: Zehntausende kleinerer und kleinster Wasserflächen, vor allem in Wisconsin und Minnesota, touristisch noch immer beinahe unentdeckt, eine Urlaubsregion der Zukunft.

Und dann: Der Corn Belt, die Getreidekammer der USA. Oklahoma, Missouri, Kansas, Iowa, Nebraska und die beiden Dakotas wurden bei der Erschließung des Kontinents als die „Great American Desert" bezeichnet (und nur ein paar Jahrzehnte später, als ihre Getreidefelder die weitere Expansion ermöglichten, als blühender „Garden of Eden" apostrophiert): Hier spielte sich der Wilde Westen ab, bevor der Wilde Westen im Westen erschlossen wurde. Und in Texas natürlich.

Neun Jahre lang, von 1836 bis 1845, war Texas unabhängig, weshalb sich der Staat noch heute gerne als primus inter pares der USA versteht, eine Art US-amerikanisches Bayern. Es ist dieses Bewusstsein des Besonderen, das die verschiedenen (und geografisch entlegenen) texanischen Regionen und Städte verbindet: Die Metropolen Houston und Dallas, das wunderschöne, hispanische San Antonio, den Panhandle am Golf von Mexiko. Bloß die Hauptstadt Austin sträubt sich gegen den kollektiven Staats-Stolz der Texaner und wird deshalb misstrauisch beobachtet. Zu viele liberale Politiker, zu viele Studenten, zu viele Umweltschützer, Lebenskünstler und Hippies – der Rest des Staates würde Austin am liebsten mit einem gewaltigen Sticker zukleben: „Don't mess with Texas!"

Unten:
Fast wie in einem Western: Sam Schaefer und Renny Burke hoch zu Ross auf dem weiten Land ihrer Ranch in Wyoming – fehlt nur noch die Rinderherde für die Cowboys.

Rechts:
Einsamer Cowboy: Gary Louis von der Cibolo Creek Ranch in Texas. In keinem anderen Bundesstaat ist der Mythos vom Dasein im Sattel so lebendig.

Links:
Gesichter des „Wilden Westens“: Hut- und Stiefelmacher findet man selbst in den kleinsten Orten Wyomings. Früher schützten diese Essentials Cowboys vor der Sonne beziehungsweise erleichterten den Einstieg in die Hufeisen (deshalb haben Boots ihre Spitzen); heute tragen sie auch Nicht-Cowboys.

Oben:
Tom Lucas aus Lander, Wyoming, sieht nur aus wie ein Cowboy – er handelt mit Wild-West-Kunst.

Seite 76/77:
Die Landschaften im Grand Teton National Park in Wyoming sind kaum weniger spektakulär als die im berühmten Yellowstone National Park. Hier schlängelt sich der Snake River auf die Teton-Berge zu.

Linke Seite:
The road goes on forever: Schon zu ihren Glanzzeiten nie im besten Zustand, heute vergessen und verlassen: ein historisches Route 66-Stück bei Auburn, Illinois. Der Straßenmythos führt von Chicago nach Los Angeles „over 2000 miles all the way".

Überhaupt ist die Route 66 eine Strecke, auf der Nostalgiker ins Schwärmen geraten können – zum Beispiel, wenn Ihnen ein Pink Caddy entgegenkommt. John Steinbeck nannte sie die „Mutter aller Straßen".

Geplant 1926, fertig asphaltiert 1938, hat die Route 66 ihre besten Zeiten hinter sich. 1984 wurde sie durch einen Interstate ersetzt. Trotzdem trifft man noch Originale wie Bill Shea, der zu jeder Tankfüllung eine Anekdote erzählen kann.

Rechts:
Gelb leuchtet das Laub der Bäume vor den majestätisch aufragenden Gipfeln im White River National Forest in Colorado.

Unten:
Die Lower Falls im Yellowstone National Park, dem ersten Nationalpark des Landes in der Nordwest-Ecke von Wyoming. Schon 1872 wurden hier 9000 Quadratkilometer unter staatlichen Schutz gestellt.

Oben:
Am Mount Rushmore in den Black Hills von South Dakota hat man vier amerikanische Präsidenten – George Washington, Thomas Jefferson, Abraham Lincoln und Theodore Roosevelt – in Stein gemeißelt: „Amerikas Kunst muss monumental sein, um mit Amerikas Leben Schritt halten zu können“, hat Ober-Bildhauer Gutzon Borglum die über 150 Meter hohen Porträts kommentiert.

Links:
Faszinierend sind in den USA die Landschaften: das Midway Geyser Basin im Yellowstone National Park, dem Wunderland der Wildnis mit Gebirgslandschaften, heißen Quellen, Geysiren, Wasserfällen und Seen.

MYTHOS INDIANER – NATIVE AMERICANS

Indianer gibt es nicht. Indianer sind ein Konstrukt europäischen Denkens, geschaffen aus der Not heraus, gebrochene Verträge, rigorose Landnahme und einen beinahe vollzogenen Genozid zu rechtfertigen. Genausowenig, wie Columbus Amerika „entdeckte", lebten dort „Indianer". Der Kontinent war besiedelt von hunderten verschiedenen Völkern, die hunderte verschiedene Sprachen sprachen und auch sonst wenig oder nichts miteinander gemeinsam hatten. Manche standen kurz vor einer Staatenbildung, manche zogen in nomadischen Gruppen durch die Prärien. Seit Columbus aber waren sie alle Indianer.
Bis vor Kurzem schien es, als hätten sich die meisten Stämme mit der ihnen zugewiesenen Rolle abgefunden: Native Americans durften für Touristen tanzen, ihre Sozialhilfe versaufen und ansonsten, bitteschön, widerspruchslos zusehen, wie ihre Namen für Hubschrauber (Apache) oder Geländewagen (Cherokee) verwendet wurden. Mittlerweile aber bahnt sich eine Revolution an in Indian Country, jenem Patchwork aus Reservaten, das sich über die komplette nordamerikanische Landkarte erstreckt. Eine Revolution, bei der es nicht mehr bloß um das Bewahren von Werten und Traditionen der Stämme geht, sondern um ein neues Selbstverständnis. Um Geld. Um Einfluss. Um Macht. Und möglicherweise auch um ein neues Amerika.

Indian Gaming Regulatory Act – der Beginn der Revolution

Die Revolution begann 1988 mit der Unterzeichnung des Indian Gaming Regulatory Act, der den Native Americans die Eröffnung von Casinos in den Reservationen erlaubte. Den wenigsten Stämmen hat das wirklich Geld gebracht – die neuen Geschäftsmöglichkeiten aber haben dazu geführt, dass eine komplette Generation ausgebildeter Betriebswirtschaftler und Juristen in ihre Heimat zurückgekehrt ist. Und plötzlich haben die Stämme entdeckt, was ihnen schon längst zugestanden hätte.
Rechtlich gesehen nämlich steht jedes der 554 Reservate auf einer juristischen Ebene wie der Bundesstaat, in dem es liegt. Die Reservation der Navajos in Arizona – so groß wie Bayern und damit die größte des Kontinents – genießt deshalb die gleichen Rechte wie der Staat, in dem sie eingebettet ist. Oder, eindrucksvoller: Das winzige Shakopee-Mdewakanton-Reservat besitzt die gleichen Rechte wie der große Staat Minnesota, in dem es liegt. In den vergangenen Jahren haben die Stämme begonnen, Konsequenzen aus dieser Rechtslage zu ziehen – mit dramatischen Folgen. Die Goshute haben ihr Reservat an eine private Firma zur Lagerung von Atommüll vermietet – gegen massiven Widerstand des Staates Utah. Rechtsanwälte der Isleta Pueblo zwangen die Nachbarstadt Albuquerque, den Rio Grande zu säubern – mit einem Aufwand von 300 Millionen Dollar. Die Pyramid Lake Paiutes prozessierten den Staat Nevada in die Knie – und kontrollieren seitdem einen Großteil der Wasserversorgung. Und das scheint nur der Anfang zu sein: Wenigstens die Hälfte der gesamten amerikanischen Uranvorräte, zwischen fünf bis zehn Prozent der Gas- und Ölreserven sowie ein gutes Drittel der Kohlevorkommen liegen in Indian Country. Die größten Konsequenzen drohen allerdings auf staatsrechtlicher Ebene: Die plötzlich in Aktionismus gewandelte politische Souveränität der Stämme könnte irgendwann dazu führen, dass die Verfassung der USA mit ihren 554 „nations within a nation" nicht mehr zurechtkommt – und geändert werden muss.
Allerdings: Die allgemeine Aufbruchsstimmung soll und darf nicht über die Realität in vielen Reservaten hinwegtäuschen. Statistisch gesehen, ist Indian Country noch immer eine deprimierende Landschaft voller sozialer Probleme. Ein Drittel aller Reservats-Bewohner lebt unterhalb der Armutsgrenze. Die Lebenserwartung der Native Americans liegt weit unter der anderer amerikanischer Volksgruppen, die Suizid-Rate ist doppelt so hoch. Über 50 Prozent der Indianer sind Alkoholiker, die Arbeitslosenquote hat in manchen Reservaten die 80 Prozent-Marke überschritten. Für all das gibt es je nach Standpunkt unterschiedliche Erklärungsversuche: Entweder ist die desolate Situation Ergebnis eines massiven Regierungs-Versagens. Oder das Resultat eines ebenso massiven Versagens der Indianer, sich mit dem Leben im Amerika des 21. Jahrhunderts zu arrangieren. Oder beides. „Die Wahrheit", sagt ein Sprichwort der Kiowa, „ist ein flatternder Vogel". Möglicherweise setzt er gerade zur Landung an.

Links:
Sitting Bull, Häuptling der Hunkpapa, mit William Frederick Cody alias Buffalo Bill, der große Kundschafter in den Indianerkriegen.

Oben:
Die Crow lebten auf den westlichen Prärien. „Apsaalooke" nannten sie sich selbst, die „Kinder des Vogels mit dem großen Schnabel". Erst die Weißen, die ihre Sprache nicht verstanden, machten Crow (Krähen) daraus.

Rechts oben:
Powwows sind farbenprächtige Stammestreffen, zu dem Indianer aus den ganzen USA eingeladen sind. Die Feste gingen aus den religiösen Zeremonien einzelner Stämme hervor und entwickelten sich zu einer Mischung aus Tanzwettbewerb, Familientreffen und heiterem Jahrmarkt.

Rechts Mitte:
Sonja Holy Eagle bemalt eine Bisonhaut mit traditionellen Formen und Farben in Rapid City, South Dakota.

Rechts:
Der Türkis-Schmuck einiger Stämme gleicht dem der Tibeter bis ins Detail – man vermutet, dass die Vorfahren dieser Native Americans einst von dort kamen.

MONKE
TICKETS

MAZE

Oben:
Chicago: Pulsierend, energisch, die „Second City“, die hinter den einwohnerstärkeren Metropolen NYC und Los Angeles längst die Dritte ist – und doch so gerne die erste sein würde. Da bleibt Chicago nur ein Trost: Hier, und nicht in Manhattan, wurden die ersten Skyscraper gebaut.

Rechts:
Im Chicago Cultural Center gibt es Ausstellungen zur Architektur-Geschichte, zu der die Stadt einen reichen Beitrag lieferte.

Seite 84/85:
Sonnenuntergang über dem Ohio River und Cincinnati. Der Ort war bereits 1788 eine der ersten dauerhaften Siedlungen im damaligen Northwest Territory und erhielt schon 1814 die Stadtrechte.

Links:
Doch, der Blues ist noch da – man muss ihn nur suchen. Man findet ihn in Downtown Chicago – einst war die Stadt Endpunkt des Blues Highways.

Unten:
Einsamer Mann auf dem Blues Highway bei St. Louis, über den die Afro-Amerikaner ihre Musik von den Feldern des Südens in die Metropole Chicago brachten.

Das Ende Amerikas – die Westküste

Kunst-Natur, Natur-Kunst: Im Lower Antelope Canyon bei Page, Arizona, hat die Natur Formen und Farben geschaffen, die kein menschlicher Künstler entwerfen könnte.

Jetzt wird's eng: Jede einzelne der Regionen im Westen der USA ist eine eigene Reise wert. Eher mehrere. Für Alaska gilt das ganz genauso. Und für Hawaii erst recht. Von dem Insel-Bundesstaat weit draußen im Pazifik einmal abgesehen (und im übertragenen Sinne dann doch wieder nicht) haben die Regionen des Westens eines gemeinsam: Hier war Amerika zu Ende. Während des Zeitalters der weißen Besiedlung bildeten die Wüsten, Berge und Canyons des Südwestens das letzte Hindernis, das sich dem kollektiven „Go West!" entgegenstemmte. Dahinter lag Kalifornien, das Gelobte Land. Erst als dort die Goldvorräte erschöpft waren, wurde Alaska zum Ziel. Und wenn die Beringstraße nicht dazwischen läge: Die Amerikaner wären wahrscheinlich bis Sibirien gezogen.

Im Westen der USA liegen ihre spektakulärsten Landschaften. Die Zauberwelt des Südwestens, die Wüsten Kaliforniens und Nevadas, die dramatische Küste von Oregon und Washington State. Und – noch weiter im Westen – die Wildnis Alaskas. Obwohl vor allem die Küstenregionen Kaliforniens massiv überbevölkert sind, sind weite Teile des Westens heute noch so dünn besiedelt wie in den Jahren der Großen Trecks. In Arizona und Utah, Idaho und Montana leben weniger als zwei Menschen pro Quadratkilometer. Irgendwie ist er noch immer wild, der Westen.

Und Alaska ist noch immer beinahe unberührt. 1,5 Millionen Quadratkilometer, ein Drittel Wald, ein Drittel Tundra, ein Drittel Seen, Schnee und Eis. Die Bevölkerungszahl ist in den vergangenen zwanzig Jahren um fast 40 Prozent explodiert; trotzdem kommt auf jeden Quadratkilometer Alaska noch immer weniger als ein halber statistischer Mensch. Und auf jedes Hochhaus in Anchorage kommen tausende Blockhäuser draußen in der Wildnis. Man kann es auch so formulieren: Alaska ist heute das, was Kalifornien vor 200 Jahren war: „The Last Frontier".

Oben:
Die Sandstone Bluffs im El Malpais National Monument erheben sich zwischen Acoma, dem ältesten Pueblo der Vereinigten Staaten, und zwei historischen Zuñi-Indianerdörfern. Durch die Felsen von El Malpais führt der sieben Meilen lange Acoma-Zuñi-Trail, der schon vor einigen hundert Jahren von den Indianern benutzt wurde.

Rechts:
In zwölf Schärfegraden bieten die Händler in Santa Fe ihre Chilis an, auch auf vielen Speisekarten ist der Schärfegrad vermerkt. Die schärfsten schaffen nur hartgesottene Esser. In der mexikanischen Küche sind Chilis unentbehrlich.

Oben:
Der mehrstöckige Adobebau des Inn at Loretto fügt sich nahtlos in das spanische Stadtbild von Santa Fe ein. Von außen glaubt man kaum, dass sich hinter den Mauern ein modernes Hotel verbirgt.

Links:
Auf der Martinez Hacienda lebte der Händler Don Antonio Severino Martinez von 1804 bis 1827 mit seiner Familie. Die dicken Mauern schützten das Gebäude gegen die Indianer. Ein Museum erinnert an die bewegte Zeit.

Links:
Diese Felsenformation im Monument Valley wird „Keyhole“ (Schlüsselloch) genannt. Der Mensch erscheint klein im Vergleich zu den riesigen Skulpturen, die nicht Menschenhand, sondern Naturgewalten geschaffen haben.

Unten:
Kein anderer Ort im Land der Canyons und Mesas hat das Klischee vom „Wilden Westen“ so sehr geprägt wie die steil aus der Ebene aufragenden roten Sandsteinfelsen im Land der Navajos. Das Monument Valley liegt im Herzen einer Reservation, die mit 64 000 Quadratkilometern beinahe so groß ist wie das Bundesland Bayern.

Seite 94/95:
Schwindelfrei sollte man schon sein: Blick in den Canyon des San Juan River im Gooseneck State Park, Utah.

Oben:
Blick vom Inspiration Point in Utahs Bryce Canyon National Park. Die typischen Felsformationen sind in Jahrmillionen Schwerstarbeit von Wasser und Eis entstanden, die die verschieden harten Gesteinsschichten unterschiedlich schnell abgetragen haben. Die Ute-Indianer nannten den Canyon „unka-timpe-wa-wince-pock-ich“: „Rote Felsen wie stehende Männer in einem schüsselförmigen Tal“.

Rechts:
Wie aus einer anderen Welt ragen die Toadstool Hoodoo im Grand Staircase-Escalante National Monument mit ihren tonnenschweren Hüten in die Höhe.

Links:
Riesige Weihnachtsbäume zwischen Felsen am Wegesrand des Navajo Loop Trail im Bryce Canyon National Park. Der beliebte Wanderweg führt hinein in das berühmte steinerne Bryce Amphitheater.

Aushängeschild der Schöpfung – Canyonland

Das ist eine jener Gegenden, in denen man plötzlich weiß, warum Klischees Klischees geworden sind: Wenn dieses Land eine Sinfonie wäre, würde einem vor Pauken und Trompeten schwindelig. Canyonland: Das ist ein Aushängeschild der Schöpfung. Ein Geschenk des Großen Geistes an die Postkartenindustrie. Eine geologische Schatztruhe, vollgestopft mit surrealen Tafelbergen, bizarren Sandsteinformationen und majestätischen Wüsten. Und natürlich mit Canyons, so tief, dass sie ins Innere der Erde zu führen scheinen.

Der größte, der Grand Canyon, mag der geologische Prototyp der Region sein – andere Schluchten wie der Antelope Canyon oder der Havasupai Canyon aber stehen ihm nur nach, wenn es um schiere Größe geht. Überhaupt fällt einem auf einer Reise die Auswahl der Zwischenstopps schwer, selbst wenn man sich auf die großen Nationalparks beschränken möchte. Bitteschön: Zion, Bryce, Capitol Reef, Arches und der Canyonlands National Park – liegen alle in Canyonland. Und dazwischen verstecken sich Gegenden von ebenso atemberaubender Schönheit, bloß ohne den gleichen Status. Grand Staircase Escalante beispielsweise. Die Vermillion Cliffs Wilderness Area. Oder das San Rafael Reef.

Canyonland verdankt seine Entstehung einer glücklichen Konstellation langwieriger geologischer Prozesse. Vor etwa 1,7 Milliarden Jahren schoben sich riesige tektonische Platten gegen die Westseite des nordamerikanischen Kontinents. Der Aufprall war derart gewaltig, dass sich Gebirge hoch wie der Himalaya auftürmten. Vulkane spien Lavamassen in die Luft, die Erde bebte, ruckte, zitterte, die Ozeane schwollen an und überfluteten, was soeben geschaffen worden war. Beziehungsweise in den vergangenen 200 Millionen Jahren. Die nächsten knapp 1,5 Milliarden Jahre war der Planet dann mit Verfeinerungsarbeiten beschäftigt. Seit einigen Millionen Jahren wiederum verlässt er sich dabei vor allem auf den Wind und das Wasser: Das sind die Elemente, die Canyonland letztendlich geformt haben.

Manifestation des Göttlichen

Man weiß nicht, was seine ersten Bewohner für das Land empfunden haben; man kann nur vermuten, dass es den Paläo-Völkern, den Hohokam, Sinagua und Anasazi ebenso majestätisch vorgekommen sein wird wie ihren Nachfahren, die noch heute hier leben. Für Zuni und Hopi, Apachen und die Pueblo-Stämme ist Canyonland Manifestation des Göttlichen. Jeder Fels erzählt eine Geschichte, jede Mesa ist Schauplatz eines mythologischen Vorgangs. Dazu passt, dass die Religionen der Stämme keinen Vermittler zwischen Schöpfer und Schöpfung kennen: Für sie ist die Macht des Großen Geistes in jedem Quadratmeter Land anwesend.

Mit so etwas konnten die weißen Eroberer natürlich nichts anfangen, und die ihnen folgenden Siedler erst recht nicht. Die Größe und Beschaffenheit des Terrains, sein Wassermangel und die klimatischen Gegebenheiten verhinderten trotzdem, dass die Besiedlung von Canyonland flächendeckend erfolgte. Noch heute gibt es nicht viele Städte in dieser Region: Phoenix ist ein Moloch; Tucson, Flagstaff, Taos, Santa Fe und selbst Albuquerque aber sind für amerikanische Verhältnisse von einer überschaubaren Größe. Dennoch hat die menschliche Gier nach Bodenschätzen das Land in den vergangenen einhundert Jahren stärker verändert als Wasser und Wind in Jahrmillionen zuvor. Und angesichts der Erschließungs- und Energiepläne Washingtons benötigt man keine hellseherischen Fähigkeiten, um die Zukunft dieser Region vorhersagen zu können.

Bis dahin aber ist Canyonland eine der schönsten Gegenden der Welt. Ein Land, das uns staunen lässt. Ein Land, in dem man auf- und durchatmen kann. Das uns verstehen hilft, die Erde, ihre Geschichte, und manchmal auch ein wenig uns selbst. Und Amerika natürlich, das

Links: *Historische Verschnaufpause im Grand Canyon. In seinem mit zahlreichen Stichen illustrierten Reisebericht schreibt der Entdecker J. W. Powell: „Ein Jahr reicht kaum aus, um alles zu sehen."*

Oben: *Vom Desert View Point schaut man in die zerklüfteten Schluchten des Grand Canyon. Das magische Licht der Abenddämmerung macht den Ausblick einzigartig.*

nirgendwo so sehr Amerika ist wie hier. Canyonland ist John Wayne-Country, Indianerland, eine Gegend, in der man den Wahrheitsgehalt von Zigarettenwerbung plötzlich nicht mehr in Frage stellt. In der sämtliche Hollywood-Lügen über den Wilden Westen Wahrheit werden. In der man das Auto am liebsten sofort gegen ein Pferd eintauschen möchte. Anders gesagt: Canyonland ist Amerika, wie wir es uns in unserer Kindheit vorgestellt haben.

Rechts oben:
Die über eintausend Quadratkilometer des Capitol Reef National Park sind bislang kaum erschlossen. Die Waterpocket Fold, eine hochtürmende Geländestufe, bildet das Herzstück.

Rechts Mitte:
Die Mule Canyon Ruins in der Nähe von Blanding in Utah sind die restaurierten Reste einer Anasazi-Siedlung, die etwa um das Jahr 1000 bewohnt war.

Rechts:
Die „Wall Street" gehört zu den spektakulärsten Orten des Bryce Canyons. Die Douglas-Fichten, die in den Spalten dem Licht entgegenstreben, sind mit 700 Jahren uralt.

Seite 100/101:
Desert View im Grand Canyon National Park: „Egal, wie weit man bis hierhin gewandert ist und wie viele berühmte Schluchten man bereits gesehen hat: Diese hier, der Grand Canyon des Colorado, wird einem neu und unbekannt erscheinen, unirdisch in Farben und Größe und der Unterschiedlichkeit ihrer Architektur – als ob man sie nach ihrem Tod gefunden hätte, auf einem anderen Stern." (John Muir, 1898)

Linke Seite:
Der Mesa Arch in Utahs Canyonland National Park ist ein wundervoller Platz für den Sonnenaufgang.

Links oben:
Die kilometerlangen Schluchten und Felsformationen des Colorado River gehören zu den größten Naturwundern der Erde. Am Horseshoe Bend in der Glen Canyon National Recreation Area windet sich der Colorado um riesige Felsen herum.

Links unten:
Als würde die Erde brennen: Die Vermillion Cliffs im Grand Staircase Escalante National Monument bei Sonnenuntergang.

Seite 104/105:
Arizonas und Utahs Lake Powell ist ein künstlicher Stausee, entstanden durch die Eindämmung des Colorados und mehrerer kleinerer Flüsse. Als er in den frühen 1960er-Jahren gegen massive Proteste angelegt wurde, verschwanden komplette Canyonlandschaften und mit ihnen tausende Felszeichnungen der Anasazi unter Wasser. Heute ist der See eine große Attraktion und lockt jährlich weit über vier Millionen Besucher auf sein Wasser.

Rechte Seite:
In einer der interessantesten Gegenden des Arches National Park in Utah, in der North Window-Section, befindet sich der Turret Arch (Türmchen-Bogen). Wie Fenster rahmen die riesigen roten Felsbögen die dahinter liegende Landschaft ein.

Naturschauspiel: Geysire in Nevadas Black Rock Desert sprühen als surrealistisch bunte Brunnen heißes Wasser in die Luft.

Majestätische Gipfel erheben sich im Zion National Park. 1863 gaben John Rolfe, William Heaps und Isaac Behunin der Hauptschlucht den Namen Zion Canyon, der dann zum Namen des ganzen Nationalparks wurde.

Seite 108/109:
Las Vegas, Nevada. Der Las Vegas Boulevard, in der Stadt wie überall sonst auf der Welt nur „The Strip" genannt, ist die Aorta der Spielerstadt: An ihm stehen die größten Hotels mit den größten Casinos.

THE MIRAGE
BEATLES
LOVE
BY CIRQUE DU SOLEIL
THE MIRAGE
BY CIRQUE DU SOLEIL
CAESARS PALACE

TRUMP
TREASURE ISLAND
THE MIRAGE
CASINO & RESORT
TERRY FATOR
ALL HITS NO LIPS!
Flamingo
Best 10pm Show!
"The new Mr. Vegas"
"AskAnybody"
Funny Man
George Wallace
For President

Oben und rechts: *Las Vegas, Nevada. Am Las Vegas Boulevard entstanden in der Boomzeit in den 1950er-Jahren jedes Jahr zwischen 20 und 30 neue Hotels.*

Links:
Mittlerweile ist die Fremont Street, an der in den vierziger Jahren alles begann, eine überdachte Fußgängerzone. So ein bisschen erweckt das den Eindruck, als habe man das letzte Stück „old" Vegas unter Schutz gestellt.

Unten:
Ein Feuerwerk gibt es über Las Vegas regelmäßig zu sehen – immer dann, wenn ein altes Hotel in die Luft gesprengt wird, um Platz für einen Neubau zu machen, wird das gefeiert. Und an Silvester steht der Himmel über der Glitzerstadt sowieso in Flammen.

Oben:
Die berühmteste Buchstabenfolge des Westens: der Hollywood-Schriftzug. Das Schild wurde 1923 im Rahmen einer Werbeaktion für Immobilien aufgestellt.

Rechts oben und unten:
Auf dem Walk of Fame wird an Hollywood-Stars erinnert – wer hier seinen Stern bekommt, hat es geschafft. Das gleiche gilt für die Handabdrücke vor dem Mann's Chinese Theatre. Andere haben immerhin schon viele Zuschauer – wie diese Straßenkünstler.

Ganz rechts:
Das Kino „El Capitan" am Hollywood Boulevard zählt zu den großen Tradtitionshäusern – es wurde aufwändig restauriert und erstrahlt wieder im Stil der 1920er-Jahre.

Oben:
Los Angeles ist für viele der Ort, wo Träume wahr werden. Die es geschafft haben, trifft man auf dem Rodeo Drive, einer der teuersten Einkaufsmeilen der Welt.

Links:
Fototermin: Touristen vor der Universal-Weltkugel der Universal Studios. Gegründet wurden die Studios übrigens 1912 von Carl Laemmle, einem deutsch-jüdischen Immigranten aus dem oberschwäbischen Laupheim.

Oben:
Traumhäuser an Kaliforniens Traumküste: Mendocino am Pazifik. Wer hier wohnt, muss das nötige Kleingeld haben.

Rechts:
Bevor die Bixby Bridge 1932 eröffnet wurde, waren Reisende auf schlimmen Pisten unterwegs – für die knapp 50 Kilometer zwischen Monterey und Big Sur River und zurück brauchte man damals manchmal drei Tage.

Links:
Einsamkeit in einer teuren Gegend – auf dem 17 Mile-Drive bei Carmel an der Küste Kaliforniens verlangen die Anwohner eine Durchfahrtgebühr von Autofahrern.

Unten:
Die 1400 Meter lange, 1937 eröffnete Golden Gate Bridge verbindet San Francisco mit Sausalito und ist das heiß geliebte Wahrzeichen der Stadt an der Bay.

Rechts oben:
S.F. – so nennen die Einwohner San Francisco; „Frisco" ist verpönt. Die Stadt hat eine verhältnismäßig kleine Downtown und nur wenige in den Himmel strebende Gebäude, wie die Transamerica Pyramid.

Rechts Mitte:
San Franciscos Straßenbahnen heißen Cable Cars, weil die Wagen mit Hilfe eines in Schienen verlaufenden Eisenkabels gezogen werden, das unaufhörlich in Bewegung ist. Losfahrende Bahnen klammern sich mit einem Greifmechanismus am Seil fest und lassen sich mitziehen; zum Bremsen muss man einfach loslassen.

Rechts unten:
Große Teile der Stadt sind reine Wohnviertel. Diese lebendigen „neighborhoods“ und die kaum zu übertreffende Lage am Wasser haben San Francisco den Ruf der „schönsten Stadt des Kontinents“ eingebracht.

Unten:
Der Yosemite National Park ist ein Naturparadies mit grünen Tälern, dichten Wäldern, mächtigen Wasserfällen und riesigen Felsen. Der Merced River hat sich tief in die urwüchsige Landschaft gegraben und ein lang gestrecktes Tal geformt.

Rechts oben:
„Unzählige Seen und Wasserfälle, seidenweiche Wiesenteppiche, erhabene Wälder, gigantische Granitkuppeln, von der Eiszeit geformte Flusstäler, einsame Wege und Berge, deren schneebedeckte Gipfel über viertausend Meter zum Himmel aufragen", schrieb der Naturschützer John Muir über Yosemite.

Rechts Mitte:
Die mächtigen Redwood-Bäume von Mariposa Grove im Yosemite National Park, die bis zu hundert Meter hoch und bis zu sieben Meter dick werden, waren zur Zeit der Dinosaurier über ganz Amerika verbreitet. Heute kommen sie nur noch in Kalifornien und Oregon vor.

Rechts unten:
Rafter auf dem Merced River im Yosemite-Nationalpark. Der Fluss entspringt weiter nördlich, um anschließend durch das Yosemite-Valley zu fließen.

Links:
June Lake ist einer der herrlichen Bergseen in der Sierra Nevada – die Besucher kommen vor allem um Ruhe und Entspannung beim Fischen zu finden.

Unten:
Die kakteenartigen Joshua Trees sind mit den Yuccas verwandt. Ihren Namen haben sie von den Mormonen erhalten. Die abgewinkelten Äste der Agavengewächse erinnerten die Gläubigen an den Propheten Joshua, der ihnen den Weg ins Paradies wies. Hier im Red Rock Canyon State Park, Kalifornien.

Seite 122/123:
Fremde Welten. Wenn man vom Font's Point hinunter in den Anza-Borrego Desert State Park schaut, sieht Kalifornien aus wie ein fremder Planet.

Linke Seite:
Dämmerstimmung auf Hawaii: Sonnenuntergang im Kiowea Park bei Kaunakakai auf Molokai, die im Vergleich zu ihren Nachbarinseln Kauai, Big Island und Oahu noch relativ unentdeckt ist.

Besonders eindrucksvoll ist der Blick vom Puu Ulaula Overlook in den Vulkankrater im Haleakala National Park auf Maui bei Sonnenaufgang.

Das Idol aller Surfer Duke Kahanamoku steht am Kuhio Beach von Waikiki auf Oahu und wird sanft vom Abendlicht zum Glänzen gebracht. Hinter ihm rollen die Wellen lang und sanft aus.

Oben:
Hawaiianische Highlights: Waikiki auf Oahu war früher einmal der Stadtstrand von Honolulu – und ist heute die beliebteste Destination des kompletten Archipels.

Rechts:
Wer nicht surfen will, entdeckt die versteckten Wasserfälle im Landesinneren entlang des Hana Highway auf Maui.

Oben:
Das Kilauea National Wildlife Refuge vor Kauai ist für menschliche Besucher ganz gesperrt, da hier seltene Seevogelarten vorkommen.

Links:
Der vulkanische Ursprung von Hawaiis Inseln wird überdeutlich im Haleakala National Park auf Maui, hier am Leleiwi Overlook.

Unten:
An Oregons Küste reihen sich die State Parks aneinander wie Perlen an der Schnur. Weil „West Coast" in den USA noch immer beinahe ausschließlich mit Kalifornien assoziiert wird, hat man in Washington und Oregon ganze Küstenabschnitte für sich allein, wie zum Beispiel im Samuel H. Boardman State Park.

Rechts oben:
In der Weite einer großartigen Naturlandschaft in Oregon: Bei Vollmond erstrahlen Middle und North Sister der Three Sister Mountains.

Rechts Mitte:
Die kegelförmigen Tipis waren die ideale Behausung für die Prärieindianer. Um bei einem drohenden Angriff von Feinden und während der Büffeljagd möglichst beweglich zu sein, musste man ein solches Zelt innerhalb weniger Minuten abbauen können – hier in Oregon vor den Cascade Mountains.

Rechts unten:
Vom Women's Forum Lookout in der Nähe von Portland hat man einen wunderbaren Blick in das Tal des Columbia River.

Oben:
The Sky is the Limit: Wenn in Alaska nicht hin und wieder Bergketten die Sicht verstellen würden, wie hier die Wrangell Mountains, dann könnte man – ja, doch: bis ans Ende der Welt schauen. Oder jedenfalls beinahe.

Rechts:
Alaska ist das mythischste Stück USA – der Name leitet sich von „Alayeska“ ab, was in der Sprache der Athabasca soviel wie „wildes Land im Westen“ bedeutet. Wer je Naturschauspiele wie den John Hopkins Glacier im Glacier Bay National Park gesehen hat, weiß, warum.

Oben:
Boot vor den riesigen Eismassen des Margerie Glacier im Glacier Bay National Park. In Alaska kann sich der Mensch im Angesicht der Natur wirklich klein fühlen.

Links:
Der Sommer in Alaska kommt spät und ist nur kurz. Noch sind Ufer und Bäume am Salmon Creek nahe Hyder grün, doch bald wird die Farbe Weiß dominieren.

Seite 132/133:
Wale sind hier oft zu sehen: vor der Küste der Kenai Fjords National Park im Süden von Alaska.

Register

Pazifischer Ozean
Vancouver
North Cascades NP
Olympic NP
Seattle
Tacoma
Mount Rainier NP
Spokane
WASHINGTON
Mount St. Helens NP
Portland
Kennewick
Salem
Eugene
OREGON
IDAHO
Crater Lake NP
Boise City
Craters of the Moon NP
Redwood NP
Lava Beds NP
Eureka
Lassen Volcanic NP
Red Bluff
Elko
Great Salt Lake
Reno
NEVADA
Salt La
Santa Rosa
Golden Gate
Sacramento
Oakland
San Francisco
Great Basin NP
San Jose
Yosemite NP
Salinas
Devils Post. NP
Great Basin
Capitol Re
Kings Canyon NP
Sequoia NP
Cedar City
Zion NP
CALIFORNIA
Death Valley NP
San Luis Obispo
Las Vegas
Bakersfield
Lake Mead NP
Grand Canyon NP
Santa Barbara
Oxnard
Flagstaff
Los Angeles
Long Beach
San Bernardino
Joshua Tree NP
Palm Springs
ARIZONA
San Diego
Organ Pipe Cactus NP
Saguaro NP
Beaufortsee
Brooks Range
Gates of the Arctic NP
USA
KANADA
Fairbanks
ALASKA
Alaska Range
Denali NP
Anchorage
Wrangell-St. Elias NP
Lake Clark NP
Kenai Fjords NP
Glacier Bay NP
Katmai NP
Beringsee
Golf von Alaska
Alexander Archipel

KANADA
400 km
Regina
Winnipeg
Voyageurs NP
Isle Royal NP
Lake Superior
Great Falls
Missouri
MONTANA
Grand Forks
NORTH DAKOTA
MINNESOTA
Theodore Roosevelt NP
Bismarck
Duluth
Sault St. Marie
Lake Huron
Montreal
MAINE
Bangor
Acadia NP
Montpelier
Portland
VERMONT
NEW HAMPSHIRE
Boston
Cape Cod NP
MASSACHUSETTS
RHODE I.
CONNECTICUT
New Haven
Billings
Little Bighorn Battlefield
Yellowstone NP
Grand Teton NP
Buffalo
Devils Tower NP
SOUTH DAKOTA
WISCONSIN
Minneapolis
Green Bay
Sleeping Bear Dunes
Toronto
Lake Ontario
Rochester
NEW YORK
Buffalo
Niagara Falls
Mt. Rushmore
Rapid City
Wind Cave NP
Badlands NP
Sioux Falls
Lake Michigan
MICHIGAN
WYOMING
Casper
Milwaukee
Detroit
Lake Erie
Erie
PENNSYLVANIA
New York
NEW JERSEY
Rock Springs
Agate Fossil Beds
Ft. Laramie
Scottsbluff
Chimney Rock
Cheyenne
NEBRASKA
Missouri
IOWA
Cedar Rapids
Des Moines
Chicago
Gary
Toledo
Fort Wayne
Cleveland
Pittsburgh
Philadelphia
DELAWARE
Rocky Mountain NP
Lincoln
ILLINOIS
INDIANA
OHIO
Columbus
Catoctin Mountain NP
Baltimore
Washington D. C.
Boulder
Denver
Colorado NP
Homestead
Indianapolis
Dayton
WEST VIRGINIA
MARYLAND
COLORADO
Black Canyon NP
Colorado Springs
Canyonlands NP
Kansas City
Springfield
St. Louis
Cincinnati
Charleston
Shenandoah NP
Richmond
Assateague Island
Norfolk
KANSAS
Louisville
Ohio
Lexington
VIRGINIA
Natural Bridges NP
Pueblo
Arkansas
Mesa Verde NP
Great Sand Dunes NP
Dodge City
Wichita
MISSOURI
Mississippi
KENTUCKY
Cumberland Gap
Blue Ridge Parkway NP
Durham
Cape Hatteras NP
Springfield
Mammoth Cave NP
Sikeston
Great Smoky Mountains NP
Appalachian Mts.
NORTH CAROLINA
Nashville
TENNESSEE
Charlotte
Gallup
Santa Fe
OKLAHOMA
Tulsa
ARKANSAS
Chattanooga
Greenville
Petrified Forest NP
Albuquerque
Amarillo
Oklahoma City
Little Rock
Memphis
Huntsville
Kennesaw Battlefield
Columbia
SOUTH CAROLINA
Salinas Pueblo Missions
NEW MEXICO
Chickasaw
Hot Springs NP
Atlanta
Birmingham
Alabama
GEORGIA
MISSISSIPPI
Lubbock
White Sands NP
Las Cruces
Carlsbad Caverns NP
Fort Worth
Dallas
Shreveport
Montgomery
Columbus
Savannah
Mississippi
Jackson
ALABAMA
El Paso
TEXAS
Guadalupe Mountains NP
Pecos
Waco
LOUISIANA
Cumberland Island NP
Jacksonville
Tallahassee
Mobile
Pensacola
Baton Rouge
Rio Grande
MEXIKO
Austin
Beaumont
Lafayette
Gulf Islands NP
FLORIDA
Daytona Beach
New Orleans
Orlando
Cape Canaveral
Disney World
Big Bend NP
San Antonio
Houston
Mississippi Delta
Tampa
St. Petersburg
Atlantischer Ozean
Laredo
Corpus Christi
Fort Lauderdale
Naples
Miami
Padre Island NP
Everglades NP
Biscayne NP
BAHAMAS
Golf von Mexiko
Dry Tortugas NP
Florida Keys
Kauai
Oahu
Honolulu
Molokai
Maui
Lanai
Haleakala NP
HAWAII
Pazifischer Ozean
Big Island of Hawaii
Hilo
Hawaii Volcanoes NP

Der Apache Trail, eine kurvenreiche Rundstraße, beginnt in Apache Junction östlich von Phoenix und führt in die sagenumwobenen Superstition Mountains. Im Superstition Saloon von Tortilla Flats ist der Wilde Westen noch lebendig.

Impressum

Buchgestaltung
www.hoyerdesign.de

Karte
Fischer Kartografie, Aichach

Printed in Germany
Repro: Artilitho snc, Lavis-Trento, Italien
www.artilitho.com
Druck und Verarbeitung: Offizin Andersen Nexö, Leipzig

ISBN 978-3-8003-4130-6

HEEBPHOTO.COM

Christian Heeb, der Schweizer Fotograf dieses Buches, veranstaltet jedes Jahr mehrere Fotoreisen und Workshops in den USA. Weitere Informationen unter www.heebphoto.com

Unser gesamtes Programm finden Sie unter:
www.verlagshaus.com